La Barbe d'un Marié

Yth.
1688

LA BARBE D'UN MARIÉ

COMÉDIE

Représentée pour la première fois à Paris, sur le Théâtre des FOLIES-MARIGNY, le 16 janvier 1873.

CHATILLON-SUR-SEINE. — IMPRIMERIE E. CORNILLAC

LA
BARBE D'UN MARIÉ

COMÉDIE EN UN ACTE

PAR
FRÉDÉRIC GIRAUD

PARIS

MICHEL LÉVY FRÈRES, ÉDITEURS
RUE AUBER, 3, PLACE DE L'OPÉRA

LIBRAIRIE NOUVELLE
BOULEVARD DES ITALIENS, 15, AU COIN DE LA RUE DE GRAMMONT

1873

Droits de reproduction, de traduction et de représentation réservés

PERSONNAGES

CHABANON . . . .   M. Valu.
LÉONTINE . . . .   Mlle Blanche André.

Toutes ces indications sont prises de la gauche et de la droite du spectateur.

LA
BARBE D'UN MARIÉ

Une salle à manger. — Fenêtre praticable au fond donnant sur une cour. — Dans le pan coupé de droite, porte de sortie. Dans celui de gauche un buffet. — Portes latérales conduisant : celle de droite dans la chambre de Chabanon, celle de gauche dans la chambre de Léontine. — A droite, premier plan, une cheminée sur laquelle est une pendule. — A gauche un placard. — Table au milieu. — Près du buffet, une malle ouverte, en partie vide. — Robes, objets de femme, çà et là ; le tout annonçant une récente installation.

SCÈNE PREMIÈRE

CHABANON, entre par la droite, achevant de s'habiller et bâillant.

Encore une nuit froide et solitaire ! Brrr... (Il boutonne son paletot. — Regardant la pendule qui sonne.) Dix heures du matin, et je me suis couché hier soir à huit heures ! Quatorze heures de sommeil ! Et cette vie dure depuis trois jours !... Cependant depuis trois jours, vous ne le croirez jamais, je suis marié !... marié !... (Désignant la porte de gauche.) Elle est là, madame Chabanon... ma Léontine... Une femme superbe !.. d'une éducation supérieure !.. (Soupirant.) supérieure !... Quand je pense que moi je commets des fautes d'orthographe, moi, Chabanon, ancien pâtissier. Mais j'écris si peu...

LÉONTINE, entrebâillant, puis refermant la porte de gauche.

Mon mari !...

CHABANON s'est mis à genoux devant la cheminée et fait du feu.

Ah! quelle fatalité que ma femme ait été prise de douleurs névralgiques! Et concevez-vous? le soir de notre mariage!... après le bal... (Soufflant.) C'est que c'est quelque chose de terrible chez elle..... elle a des crises nerveuses!... (Le soufflet à la main redescendant à l'avant-scène.) Et dire que j'ai fait couper ma barbe, je l'avais courte; mais très-rude, très-rude..... Savez-vous pourquoi j'ai fait couper ma barbe? Dans le seul but de ne pas égratigner ma femme, parce que je me disais...

Il remonte, se remet à genoux et recommence à souffler le feu.

LÉONTINE, même jeu.

Encore lui?

CHABANON.

J'ai donné à madame Chabanon des pilules d'éther, des pilules de carbonate ferreux, du sirop d'écorce d'oranges amères, rien n'a produit. (Se relevant.) Tiens, ça me fait penser qu'il faut que j'aille acheter de la farine de moutarde. Je veux que ma femme prenne un bon bain de pieds... Georgette? Suis-je bête? J'oublie que j'ai renvoyé la bonne... une bonne à pompiers... Fera-t-il beau aujourd'hui? (A la fenêtre.) Non, le temps est à la pluie... Ah! la cocotte d'en face. Tout de même, c'est une jolie fille... (Redescendant.) Et puis elle a des yeux... oh! elle a des yeux... Eh bien, quoi! qu'est-ce que que ça peut me faire qu'elle ait des yeux? La farine de moutarde.

Il sort.

SCÈNE II

LÉONTINE entre avec son châle et son chapeau. Après avoir écouté à la porte de sortie.

Parti!.. (Descendant.) Décidément, il est affreux, affreux, plus je le regarde... mais je ne l'ai pas vu laid comme ça quand nous nous sommes mariés à la mairie. Encore une fois, c'est qu'il avait sa barbe... toute sa barbe. Ce n'est qu'après le bal qu'il l'a coupée. C'était donc une ruse? un piège? Non, c'est impossible, je ne veux pas, je ne peux pas être la femme de monsieur Chabanon. (Accoudée sur la cheminée.) Il m'aurait été si facile d'être heureuse. Conçoit-on? Maudit amour-propre.

Un jour, je touchais du piano en présence de monsieur Anatole, jeune homme qui devait m'épouser ; soudain il prétend que j'ai donné un do dièze pour un si bémol. Je me rebiffe ; lui de crier plus fort do dièze! moi de même si bémol, (Traversant.) do dièze! si bémol! do dièze! si bémol! Furieuse, je m'enferme dans ma chambre en frappant la porte, pan!.. il ne revint plus. De dépit, je consentis à épouser monsieur Chabanon qui se présentait, (Un temps.) et pourtant, c'était bien un do dièze... Vite, avant que monsieur Chabanon revienne... C'est entendu, décidé, je retourne chez maman.

Elle va sortir. — A ce moment rentre Chabanon tenant un bain de pieds couvert d'une serviette.

SCÈNE III

CHABANON, LÉONTINE.

CHABANON.

Hein! levée? Moi qui allais..... pardon !... (Allant déposer le bain devant la cheminée.) Oh! sapristi! je prends le bain de pieds par les yeux... ça picote...

LÉONTINE, descendue à gauche, à part.

Quel contre-temps!

CHABANON, à part, reluquant sa femme.

Ah! enfin! les scellés sont levés. (Haut, se frottant les mains.) Ça va donc mieux?

LÉONTINE.

Non!

CHABANON, stupéfait.

Non?

LÉONTINE.

Au contraire.

CHABANON.

Au contraire? Encore les scellés? (Haut.) En ce cas, où alliez-vous?

LÉONTINE.

Chez mon docteur.

CHABANON.

Il serait plus prudent de l'envoyer chercher.

LÉONTINE.

Il tarderait à venir et je veux absolument le voir tout de suite.

CHABANON.

Soit, si vous ne pensez pas qu'il soit imprudent de sortir. Peut-être qu'au contraire l'influence de l'air... Allons.

LÉONTINE, à part.

M'accompagner ?

CHABANON, cherchant.

Le temps d'enfiler mon pardessus....: car je suis très-légèrement vêtu et je sens que j'attrape du rhume. Brrr..... j'ai des frissons... c'est vrai, j'ai des frissons... (Léontine a pris sur une chaise le pardessus de Chabanon. Elle le tient caché derrière son dos et passe à droite.) Où est-il donc mon pardessus, voyons dans ma chambre.

Il sort.

LÉONTINE, seule.

Où le cacher ?... Ah! dans ce placard!... (Elle passe à gauche, cache le pardessus dans le placard qu'elle referme en en retirant la clef, mais elle ne prend pas garde qu'un pan du pardessus est resté en dehors. Repassant à droite.) Sauvée. Il ne sortira pas avec moi. Attention! le revoici.

CHABANON, rentrant.

Mais où diable ai-je fourré mon pardessus ?... Il me semble que je l'ai vu, il y a un instant... c'est étrange. (Apercevant le pan.) Tiens ! ah!... par exemple... croiriez-vous que voilà une heure que je le cherche et qu'il est...

LÉONTINE, à part.

Maladroite !

CHABANON.

Le plus fort, c'est que je ne me rappelle pas le moins du monde l'avoir mis... La clef ? (Il cherche sur le parquet, puis dans ses poches). Allons bon! la clef n'est pas au placard à présent. L'auriez-vous vue par hasard ?

LÉONTINE.

Mais je ne puis savoir moi...

SCÈNE TROISIÈME

CHABANON.

Oui, oui, c'est juste. (Un temps.)

LÉONTINE,

Monsieur, je n'ai pas le temps de vous attendre. Le docteur ne sera plus chez lui. Il est inutile que vous m'accompagniez.

CHABANON.

Je vous en prie, une seconde, j'aurai le plaisir de vous offrir mon bras... sapristi!... cette clé....

Il cherche.

LÉONTINE, impatiente.

Oh! monsieur, monsieur...

CHABANON.

Voilà... voilà... c'est que je ne la trouve pas... Ma foi, aux grands maux les grands remèdes.

LÉONTINE, à part.

Que va-t-il faire?... (Chabanon est remonté, a pris un couteau et un marteau et se prépare à faire sauter la serrure du placard. — Coup de marteau. — A part.) Je suis prise! (Tombant sur une chaise, avec un cri.) Ah !

CHABANON.

Qu'est-ce?

LÉONTINE.

Ne frappez pas ainsi, ça me résonne dans la tête.

CHABANON.

Je ne frapperai plus, je ne frapperai plus. (A part.) Saprelotte! Comment donc m'y prendre? (Haut.) Sans frapper, vous allez voir... tout doucettement... (Seulement avec le couteau il parvient à faire sauter la serrure. Le placard s'ouvre.) Là, voyez-vous?....

LÉONTINE feignant une crise nerveuse et jouant des bras et des jambes.

Ah! ça m'a résonné dans la tête.... Ah!.... ah!....

CHABANON, son pardessus à la main, perdant la tête.

Elle se trouve mal! Ah! mon Dieu, mon Dieu!

LÉONTINE.

Mes sels.

CHABANON.

Oui, oui, voilà... où sont-ils?

LÉONTINE.

Dans ma chambre....

CHABANON.

Dans votre chambre?.... Ah! mon Dieu....

<small>Il sort en courant.</small>

LÉONTINE, se levant.

Le tour est joué!....

<small>Elle se sauve par le fond.</small>

CHABANON revient, tenant toujours son pardessus,
un flacon dans l'autre main.

Voilà, voilà.... où est-elle donc! voilà, voilà; mais où est-elle donc? (Entrant à droite.) Voilà, voilà.

LÉONTINE, reparaissant.

Mon parapluie... il pleut à verse... (Elle descend à gauche prendre un parapluie, puis remonte. Mais, entendant revenir Chabanon, elle redescend, d'un bond tombe sur une chaise, cette fois à gauche, et recommence ses contorsions.) Trop tard!....

CHABANON, rentrant par le fond.

Voilà! voilà! Elle n'est pas dans ma chambre ni dans l'antichambre. Hein? (Courant à Léontine.) Comment? et je ne l'ai pas vue?... Respirez... Est-il possible... parce que je la cherchais de ce côté... il me semblait.... Et pas du tout. (En gesticulant, Léontine lui envoie le parapluie dans la figure.) Ouïe! pardon.... ah! Seigneur, comme je perds la tête... je ne suis point habitué à ces émotions... (Il a pris une chaise, a laissé tomber son pardessus et s'est assis aux côtés de Léontine. Par distraction, il respire lui-même les sels.) Ah!... ah!... ça va-t-il mieux?

LÉONTINE, calmée.

Oui!

CHABANON.

Ah! Dieu merci! moi aussi.... (Se levant.) Suis-je bête, je respire....

<small>Il remet le flacon sous le nez de Léontine.</small>

LÉONTINE.

Non, assez.

CHABANON.

Assez! (A part.) Ce n'est pas une femme que j'ai épousée, c'est une crise. Et mon pardessus qui essuie le parquet.

<small>Il ramasse son pardessus et le brosse.</small>

SCÈNE TROISIÈME

LÉONTINE.

Ah! la poussière m'étouffe.

CHABANON.

Je ne brosserai plus.... je ne brosserai plus.... (Un temps. — Haut) Eh bien! espérez-vous encore avoir la force de sortir aujourd'hui?

LÉONTINE.

Non, il faudra que vous alliez vous-même chez le docteur.

CHABANON.

Avec plaisir, ou plutôt... quand je dis avec plaisir. Vous... me donnerez l'adresse, s'il vous plaît?

LÉONTINE.

M. Dobrefeuille, 5, rue de la Paix.

CHABANON, sans écouter prenant un carnet dans la poche de son pardessus.

Je vais l'inscrire sur mon carnet, parce que je l'oublierais. Monsieur?..

LÉONTINE.

Vous me faites répéter, je vais me trouver mal.

CHABANON.

Non, non, trouvez-vous bien... Je vous en supplie tout bas... tout bas, l'adresse, voulez-vous?

LÉONTINE.

Monsieur!...

CHABANON, écrivant.

Monsieur!... (Un silence, soupirant.) Ah!

LÉONTINE, entre ses dents.

Dobrefeuille.

CHABANON, à lui-même.

Do... Dobr... nom d'une truffe, je n'ai pas encore entendu... Do... je n'oserai jamais lui redemander... (A Léontine.) Et... la rue? la rue, s'il vous plaît?...

LÉONTINE.

Cinq.

CHABANON, écrivant.

Cinq. (Un silence, soupirant.) Ah!

LÉONTINE.

Rue de la Paix.

CHABANON.

Cinq, rue de la Paix, (A part.) monsieur Do... Dobr... monsieur Do... Bah ! je trouverai... (Il met son pardessus.) Rue de la Paix, il y a une course du boulevard Saint-Michel... avec ce temps de balayeur. (A Léontine.) Ne vous débarrassez-vous pas de votre châle et de votre chapeau ?...

LÉONTINE.

Non, laissez-moi.

Un temps.

CHABANON.

Si vous vous placiez près du feu.

LÉONTINE.

Non.

CHABANON.

Vous auriez plus chaud.

LÉONTINE.

Ne me parlez pas, ne me parlez pas, ça me résonne...

CHABANON.

Dans la tête, je sais. (A part.) Non d'un petit bonhomme ! Il faut donc que je mime ? Monsieur Do... Dobr... 5, rue de la Paix. Aller si loin, quand il y a dans la maison même un médecin très-goûté, convenez que ce serait par trop stupide... Tout bonnement...

LÉONTINE, à part.

Il ne s'en ira donc pas ? (Haut.) Vous n'êtes pas encore parti ?... Ah ! maman, maman.

CHABANON.

Voilà, voilà... mon chapeau ?... je l'ai sur la tête... (Fausse sortie, à part.) Rue de la Paix ? Merci ! Dans la maison au deuxième étage.

Il sort.

SCÈNE IV

LÉONTINE, se levant.

Enfin, cette fois je vais pouvoir m'en retourner à la maison. Oh! maman, maman, je cours me jeter dans tes bras... Mais j'y songe, mon père refusera peut-être de me recevoir? Lui qui n'avait qu'un désir, se débarrasser de moi. (Avec un soupir.) Je suis mariée... Une idée, si je partais pour Fontainebleau? ma tante qui m'a toujours aimée, gâtée, voudra peut-être bien m'accueillir? Que dis-je? Elle me cachera. Oui, sans hésiter, à Fontainebleau... J'emporte ma malle. (Après avoir remis pêle-mêle dans la malle ce qui en avait été sorti, elle la referme à clef, se laissant tomber dessus.) Je tombe d'inanition... cela se conçoit, après trois jours d'une diète forcée... (Se levant.) De l'énergie... d'abord une voiture... (Fausse sortie.) Réellement... j'ai tort de me mettre en route sans prendre quelque nourriture... de Paris à Fontainebleau... Oh! oui, je meurs de faim. (Elle sort du buffet une assiette de petits fours, une bouteille et un verre.) D'ailleurs j'ai le temps... une demi-heure pour aller, une demi-heure pour revenir, monsieur Chabanon ne sera pas de retour avant près d'une heure.

SCÈNE V

LEONTINE, CHABANON.

Léontine, le dos tourné à la porte de sortie, se bourre de petits fours qu'elle ne cesse de prendre dans l'assiette qu'elle a placée sur le buffet avec la bouteille et le verre. — A ce moment, paraît Chabanon, portant sous son bras un panier dont le contenu est caché par un journal. Chabanon a le sourire aux lèvres, le visage rayonnant de calme et de sérénité. Il reste au fond sans manifester aucun étonnement, mais au contraire satisfait à la vue de sa femme, qu'il surprend mangeant des gâteaux.

LÉONTINE.

Ces petits fours sont excellents!

CHABANON, à part.

Le docteur avait raison.

LÉONTINE.

C'est léger, n'importe. Chère tante !

CHABANON, à part.

Elle veut dire chers petits fours.

LÉONTINE, se versant à boire.

J'étouffe !

CHABANON, à part.

Les petits fours aussi.

LÉONTINE, a bu.

Je sens que ce Xérès me réconforte.

Elle recommence à manger

CHABANON, descendant à droite, à part.

Comme il avait raison le docteur !

LÉONTINE, apercevant Chabanon.

Ah !...

Elle a poussé un petit cri et se place de façon à ce que Chabanon n'aperçoive pas l'assiette vide.

CHABANON, légèrement goguenard.

Bon appétit !

LÉONTINE.

Je ne mange pas, monsieur !

CHABANON.

Vous ne mangez pas ?

LÉONTINE.

Non.

CHABANON.

Il me semblait.

LÉONTINE.

Je voulais... j'essayais, mais je ne puis.

CHABANON, goguenard.

Oh ! c'est fâcheux ; n'importe, vous avez bien fait d'essayer.

LÉONTINE, à part.

Il n'est pas possible qu'il soit déjà de retour.

CHABANON, à part.

Oui, oui, le docteur avait raison.

LÉONTINE, à part.

Et mon départ. (Haut.) Vous n'êtes pas allé chez le docteur?

CHABANON.

Si, si.

LÉONTINE.

Rue de la Paix?

CHABANON s'est assis à droite, le panier sur ses genoux.

Non, parce que je vais vous expliquer, il y a dans la maison...

LÉONTINE, descendue à gauche.

Voilà, parce que monsieur ne veut pas se donner la peine...

CHABANON.

Mais, non.

LÉONTINE.

Parce que c'est trop loin.

CHABANON.

Je vous assure...

LÉONTINE, criant.

Ah! d'abord, moi, je veux mon médecin... mon médecin! (Se laissant tomber sur une chaise.) Que je suis malheureuse! Maman? maman?

Elle feint une nouvelle crise nerveuse et, comme à la scène troisième, joue des bras et des jambes.

CHABANON, sans bouger, la regarde avec un bon gros rire. — A part.

Je la connais celle-là!

LÉONTINE, même jeu.

Ah! mes sels!

CHABANON, à part.

C'est une farce.

LÉONTINE, même jeu.

Mes sels! mes sels!

CHABANON, à part.

Allons donc, je sais bien que c'est une farce.

LÉONTINE.

Je meurs.

CHABANON, à part.

Avec un teint frais et rose comme ça, il n'y a pas de danger.

LÉONTINE, inerte.

Ah! je suis morte.

CHABANON, à part.

C'est-à-dire qu'elle a assez de cette gymnastique. (Après un temps, Léontine regarde Chabanon, et voyant que lui-même la regarde avec un bon gros sourire, elle se lève trépignant de rage.) Mais vous êtes donc sourd, monsieur! Mais vous n'entendez donc pas que je demande mes sels? (Avec rage.) Maman? (Elle s'enferme dans sa chambre.)

SCÈNE VI

CHABANON, se levant et posant le panier sur la chaise où il était assis.

J'en étais sûr..! sacrebleu! quelle idée lumineuse j'ai eu de ne pas courir rue de la Paix. (Prenant une nappe dans le placard.) Vous allez voir quelle idée... (Développant la nappe sur la table.) Je monte au deuxième étage, et je... (Il dépose deux couverts sur la table.) Voilà un homme charmant que ce docteur... Et farceur, il est même très-farceur! Bref. Voici, je fais part au docteur de l'affection de ma femme, j'en détaille les incidents, l'origine... depuis tel jour, telle heure, ma femme se portait à merveille. Elle avait dansé toute la nuit et... Sans me laisser achever le docteur jette un éclat de rire et me griffonne cette ordonnance. Un homard, une terrine de foie gras et une bouteille de champagne. J'en reste coi. (Mettant chaque chose sur la table.) Ah! mon cher monsieur, vous n'êtes pas la première victime d'une pareille éventualité. La plupart des jeunes filles jette hardiment par dessus M. le maire leur couronne de mariée. D'autres, au contraire, sur le point de la... lancer, se ravisent tout à coup, baissent les yeux et doucement, par contenance, osent à peine l'effeuiller. A quelle cause attribuer la timidité de celles-ci? Mon Dieu, à un regard trop... *ultimatum*, à un rien, à un grain de sable. Cherchez, cherchez, vous devez avoir un grain de sable sur vous. A ces mots je comprends, et je dépose un louis sur la cheminée, en disant : Docteur, voilà ce que j'ai sur moi. Hein? pas bête? J'oublie les verres. (Allant prendre deux verres dans le buffet.) Il s'agit d'amener délicatement madame Chabanon à se soumettre à cette ordonnance...

SCÈNE VII

LÉONTINE, CHABANON.

Léontine, chargée de plusieurs paquets, entre comme une bombe et heurte Chabanon si fort, qu'il manque de tomber; dans le choc, un verre casse.

CHABANON.

Oh! sapristi! que vous m'avez fait peur.

LÉONTINE, arpentant la scène. — A elle-même.

Il ne m'empêchera pas de partir, c'est moi qui le dis.

CHABANON.

Dieu me pardonne, vous avez l'air d'un train de marchandises.

LÉONTINE, même jeu, sans écouter.

Rien ne me forcera à rester ici! rien! pas même les gendarmes.

Elle renverse la chaise de gauche.

CHABANON, relevant la chaise et suivant Léontine.

Prenez garde!

LÉONTINE, même jeu.

Oh! ma tante, ma tante.

Elle renverse la chaise de droite.

CHABANON, relevant la chaise de droite.

Où allez-vous comme ça, bon Dieu?

LÉONTINE, de même.

Chez ma tante, monsieur, chez ma tante! A Fontainebleau,

monsieur, oui, oui, à Fontainebleau. Et quand je dis que j'irai, j'irai. (Essoufflée, elle tombe sur une chaise placée devant un couvert et lâche tous ses paquets.)

CHABANON.

Déjà arrivée? Les voyageurs pour Fontainebleau!.. Tûûû.

Il ramasse les paquets.

LÉONTINE.

Laissez ça, monsieur!

CHABANON.

Ça ne me gêne pas, au contraire.

LÉONTINE.

Je ne veux pas que vous y touchiez.

Elle se lève, reprend les paquets et se rassied.

CHABANON.

Na...

LÉONTINE, à part.

Si je pouvais seulement... l'étrangler.

CHABANON.

Après tout, comme il vous plaira. (S'asseyant sur la chaise placée devant l'autre couvert.) Alors, nous sommes au buffet de Fontainebleau? Je ne demande pas mieux, moi. Le chemin de fer ça creuse. (Prenant le homard.) frr! frr! frr! Heureusement, nous avons un petit déjeûner... Regardez... regardez donc... madame Chabanon?

LÉONTINE, lui tournant le dos.

Mademoiselle!...

CHABANON.

Mademoiselle? Ah! oui, c'est juste. (A part.) Hein? souligne-t-elle? je crois que j'aurai de la peine à la faire... déjeûner. (Haut.) Savez-vous que vous n'êtes pas très-aimable de me regarder de dos. (Donnant une légère tape à Léontine.) Chère amie!

LÉONTINE, se levant.

Chère amie? D'abord, monsieur, je ne vous aime pas. Je ne vous ai pas aimé un jour, une heure, une minute, une seconde, je vous déteste.

CHABANON.

Vous me détestez?

SCÈNE SEPTIÈME

LÉONTINE.

Oui monsieur, désormais vous saurez à quoi vous en tenir, je vous dé-tes-te !

CHABANON, se levant.

La plaisanterie devient trop forte, madame.

LÉONTINE.

Mademoiselle !

CHABANON.

Eh ! je veux dire madame, moi, sapristi ! à la fin. Si vous me détéstez, pourquoi m'avoir épousé ?

LÉONTINE.

Ce n'est pas moi, c'est vous qui m'avez épousée.

CHABANON.

Ça revient au même.

LÉONTINE.

Non, monsieur...

CHABANON.

Alors pourquoi avez-vous consenti à ce que je vous... épousâsse.

LÉONTINE.

Par... par distraction...

CHABANON.

Par distraction ?

LÉONTINE.

Je vous avais à peine regardé.

CHABANON.

Ah ! elle est forte... Mais sac à... pastilles, je vous ai fait ma cour... qui regardiez-vous donc ?

LÉONTINE.

Je regardais... je regardais les cachemires, les bijoux.

CHABANON.

En un mot, vous avez épousé la corbeille... en oubliant que j'étais au fond...

LÉONTINE, traversant.

D'abord, monsieur, je vous ai épousé avec et non sans votre barbe.

CHABANON.

Elle figure sur le contrat?

LÉONTINE.

J'ajouterai que votre barbe n'était qu'une ruse, car vous saviez parfaitement n'être pas beau en dessous.

CHABANON, tressautant.

Hein?

LÉONTINE.

Aussi, avez-vous attendu pour la couper que nous fussions unis irrévocablement

CHABANON.

Pas du tout, je l'ai coupée... je... (A part.) Tiens! tiens! voilà donc le grain de sable du docteur. (Haut.) Ainsi, vous trouvez que je suis — mieux — avec ma barbe?

LÉONTINE.

Non, je vous trouve moins laid... voilà tout.

CHABANON.

Ça revient au même.

LÉONTINE.

Pas tout à fait, monsieur.

CHABANON, à part.

Nom d'un petit bonhomme... si j'avais su! (Haut.) Heureusement le mal n'est pas sans remède; je la laisserai repousser.

LÉONTINE.

C'est cela; après, monsieur m'écrira, je reviendrai et probablement reconnaîtrai-je mon mari.

CHABANON.

Sérieusement, vous partez?

LÉONTINE.

Oui, monsieur; plus vite aura repoussé votre barbe, plus vite je serai de retour.

CHABANON, à part.

Comment! il faudra que j'attende que ma barbe?... (Haut.) Je vous en supplie...

SCÈNE SEPTIÈME

LÉONTINE.

Vous avez entendu mon dernier mot, monsieur ?

Fausse sortie.

CHABANON, à part.

Saperlipopette ! je suis le Tantale du mariage.

LÉONTINE, redescendant.

J'oublie mon parapluie.

CHABANON, à part.

Me voilà avec mon homard sur les bras ?

LÉONTINE, remontant.

Pleut-il encore ?

CHABANON.

A torrent ! Vous ne pouvez partir avec un temps pareil.

LÉONTINE, écarte un rideau de la fenêtre, regarde à travers les carreaux. Tout à coup, elle lâche parapluie et paquets, casse un carreau et chancelle avec un cri.

Ah !

CHABANON.

Qu'est-ce que c'est ? Vous êtes blessée ?

LÉONTINE, pâle.

Non !

CHABANON.

Vous pâlissez ?

LÉONTINE.

Non.

CHABANON.

Je ne m'explique pas... (A part.) Est-ce qu'elle allait passer par la fenêtre ? (Haut.) Mais je vous assure... vous pâlissez... C'est peut-être le manque d'air. (Il ouvre la fenêtre et l'on aperçoit en face, à une autre fenêtre, un jeune homme en robe de chambre et une femme.) — (A lui-même.) Tiens ! un jeune homme chez l'hétaïre.

LÉONTINE, à part.

Anatole ! Anatole ! en robe de chambre chez une... Oh ! décidément, j'ai bien fait de ne pas l'épouser, je le déteste, je le hais ! (Haut, entraînant Chabanon en vue du jeune homme et de la femme.)... Monsieur Chabanon, avez-vous pris au sérieux tout ce que je vous ai dit ?

CHABANON, ébahi.

Si j'ai pris au sérieux ?...

LÉONTINE.

Vous avez eu tort, c'était une plaisanterie.

CHABANON.

C'était ?...

LÉONTINE.

Je voulais vous éprouver ! Je ne partirai pas.

CHABANON.

Vous ne...

LÉONTINE, mignarde.

Mais non... je vous aime...

CHABANON.

Vous m'aimez ?... (A part.) Drôle de petite femme !

LÉONTINE, lui sautant au cou.

Je vous adore.

CHABANON, interdit.

Vous m'ad...

LÉONTINE.

Oui, à une condition.

CHABANON.

Parlez.

LÉONTINE.

C'est que vous laisserez repousser votre barbe.

CHABANON.

Ah ! je vous le jure. (Allant refermer la fenêtre.) Léontine ? Prenez garde aux voisins.

LÉONTINE, le retenant.

Ça ne fait rien... au contraire.

CHABANON.

Au contraire ? (Refermant la fenêtre. — A part.) **Extrêmes en tout les femmes ! Enfin ! plus de grain de sable... Les scellés sont levés !**

FIN

www.ingramcontent.com/pod-product-compliance
Lightning Source LLC
Chambersburg PA
CBHW060627050426
42451CB00012B/2473